令人着迷的中国旅行

千年盐场
BIAN NIAN YANCHANG
天津

乔 冰 / 著　　智慧鸟 / 绘

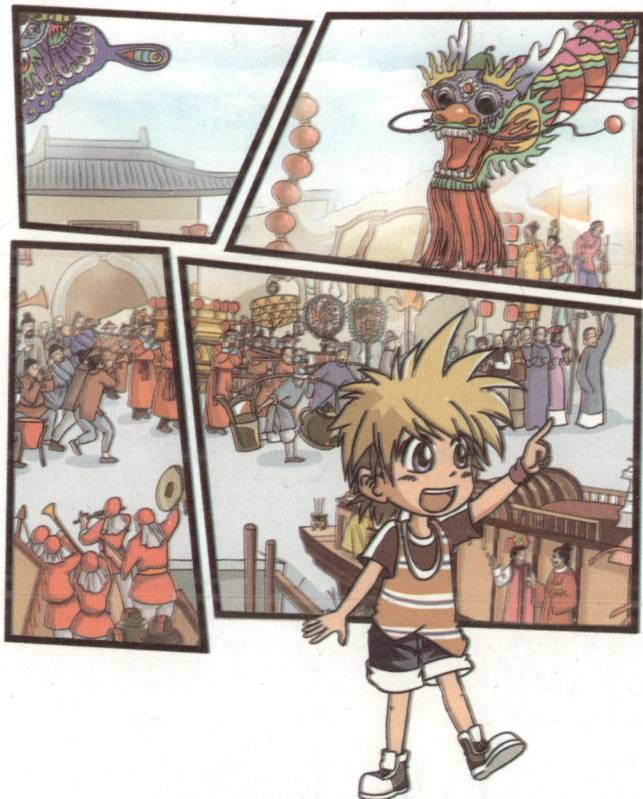

吉林出版集团股份有限公司
全国百佳图书出版单位

图书在版编目（CIP）数据

千年盐场——天津 / 乔冰著；智慧鸟绘. --长春：
吉林出版集团股份有限公司，2023.2（2024.3重印）
（令人着迷的中国旅行记）
ISBN 978-7-5731-2028-1

Ⅰ.①千… Ⅱ.①乔… ②智… Ⅲ.①天津–地方史
–少儿读物 Ⅳ.① K292.1-49

中国国家版本馆CIP数据核字(2023) 第016476号

令人着迷的中国旅行记

QIAN NIAN YANCHANG TIANJIN

千年盐场——天津

著　　者：	乔　冰
绘　　者：	智慧鸟
出版策划：	崔文辉
项目策划：	范　迪
责任编辑：	李金默
责任校对：	王　妍
出　　版：	吉林出版集团股份有限公司（www.jlpg.cn）
	（长春市福祉大路5788号，邮政编码：130118）
发　　行：	吉林出版集团译文图书经营有限公司
	（http://shop34896900.taobao.com）
电　　话：	总编办 0431-81629909　　营销部 0431-81629880 / 81629881
印　　刷：	唐山玺鸣印务有限公司
开　　本：	720mm × 1000mm　1/16
印　　张：	8
字　　数：	100千字
版　　次：	2023年2月第1版
印　　次：	2024年3月第2次印刷
书　　号：	ISBN 978-7-5731-2028-1
定　　价：	29.80元

印装错误请与承印厂联系　　电话：13691178300

中国传统文化丰富多彩，民俗民风异彩纷呈，它不仅是历史上各种思想文化、观念形态相互碰撞、融会贯通并经过岁月的洗礼遗留下来的文化瑰宝，而且是中华民族几千年文明的结晶。而作为世界非物质文化遗产重要组成部分的中国非物质文化遗产，在历史、文学、艺术、科学等领域具有非同寻常的价值，正越来越受到世界各国政府、学术界及相关民间组织的高度重视。

本系列丛书为弘扬中国辉煌灿烂的传统文化，传承华夏民族的优良传统，从国学经典、书法绘画、民间工艺、民间乐舞、中国戏曲、建筑雕刻、礼节礼仪、民间习俗等多方面入手，全貌展示其神韵与魅力。丛书在参考了大量权威性著作的基础上，择其精要，取其所长，以少儿易于接受的内容独特活泼、情节曲折跌宕、漫画幽默诙谐的编剧形式，主人公通过非同寻常的中国寻宝之旅的故事，轻松带领孩子们打开中国传统文化的大门，领略中华文化丰富而深刻的精神内涵。

人物介绍

茜茜

　　11岁的中国女孩儿，聪明可爱，勤奋好学，家长眼中的乖乖女，在班里担任班长和学习委员。

布卡

　　11岁的中国男孩儿，茜茜的同学，性格叛逆，渴望独立自主，总是有无数新奇的想法。

瑞瑞

　　11岁的中国男孩儿，布卡的同学兼好友，酷爱美食，具备一定的反抗精神，对朋友比较讲义气。

欧蕊

11岁的欧洲女孩儿，乐观坚强，聪明热情，遇事冷静沉着，善于观察，酷爱旅游和音乐，弹得一手好钢琴。

塞西

9岁的欧洲男孩儿，活泼的淘气包，脑子里总是有层出不穷的点子，酷爱网络和游戏，做梦都想变成神探。

机器猫费尔曼

聪慧机智，知识渊博，威严自负，话痨，超级爱臭美；喜欢多管闲事，常常做出让人哭笑不得的闹剧。

华纳博士

43岁的欧洲天才科学家，热爱美食，幽默诙谐，精通电脑，性格古怪。

目 录

目录

第一章

Chapter 1

修复镏金器

机器猫，布包里装的可是杰森邮寄来的残破的镏金器，你千万别弄丢了。

博士你真啰唆！这个镏金器锈得这么严重，还有破损，杰森却想把它修复如初？真会出难题！

它真是镏金器？我以前在博物馆见过的镏金器，都是金光闪闪的。

镏金器倒是货真价实，只是又锈又破。

我们来天津找的这位工匠，能把它修复好吗？

别管那么多了，还是先想想狗不理包子吧！

我们得先去找那位工匠，然后再痛痛快快地品尝美食。

金子太亮了，晃得我眼睛都睁不开了！

别看这镏金霸王椅和插屏现在光彩夺目，刚送来的时候，它们可是又锈又破。

把又锈又破的家伙变得金光闪闪？伯伯，你是不是会魔法呀？

这种"魔法"，其实就是古铜（银）镏金器修复及复制技艺。

"魔法"也能让它大变样吗？

这些是杰森叔叔一起邮寄来的镏金器的残片。

镏金器可以修复好，不过得花费一些时间，因为要经过组装、焊接等很多工序。

怎么样？到底能不能让它复原？

这些残片乱七八糟的，怎么知道每块原来在哪个位置呀？

这就全凭经验了。像这一块，根据弧度、薄厚和锈色来判断，应该是底部的。

就算知道位置，都破成这样了，怎么拼呀？

这是我之前修复的一件镏金器，你们可以看看。

这件镏金器比我们带来的还要破。

但经过修复一点儿也看不出来！

它有很多特征不明显的残片，比你们这件修复的难度高多了。

镏金器这么闪亮，表面用的一定是黄金吧？

你的金戒指可以派上用场了。

对，镏金需要用成色最好的金子，这个要自己准备。

戒指……丢了！

哪儿丢了？这不明明在手上戴着嘛！

野蛮！粗鲁！呜呜，为什么受伤的总是我！

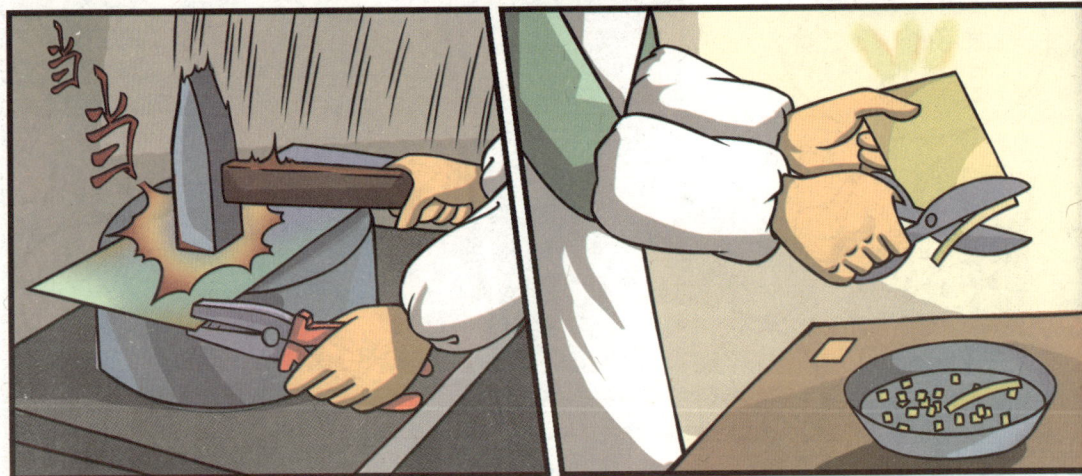

原来金泥是银白色的呀。

有点儿像我以前玩的橡皮泥。

这一步叫"开金"，要将镀件烘烤一下。烘烤的火候很重要，否则黄金会随着水银一起蒸发。

也就是说，如果没控制好火候，昂贵的黄金嗖的一下就没了？

它开始变色了，从银色变成金色了。

上千年？

水银蒸发掉，黄金就会牢牢地附着在器皿表面，即使经过上千年也不会脱落。

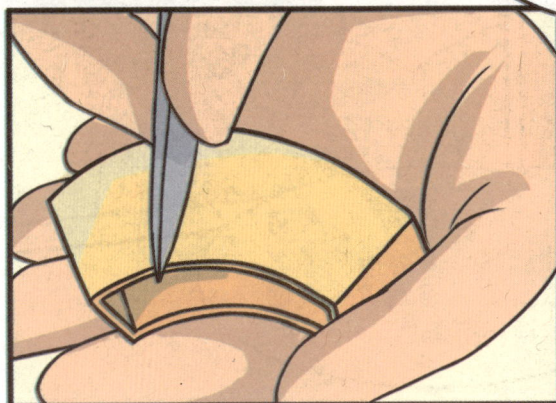

我认识这个——玛瑙压子！用玛瑙压子不停地压，可以让金和铜件结合得更牢固。

我们的镏金器，多久能修复好？

多少？

至少得给我半个月，因为修复要经过113道工序才能完成。

千年镏金

  大面积使用黄金所产生的金碧辉煌的效果，只能用"美轮美奂"来形容。如何让铜器和银器也能产生这样华丽的效果呢？匠人们奇思妙想，于是一种被称为"镏金"的技艺诞生了。

  镏金又叫火法镀金，是一种在器物表面装饰金子的传统工艺。匠人们将熔化的黄金和水银和成"金泥"，再把它涂在器物表面，然后加热使水银蒸发，黄金就附着在器物表面，这样反复几次就做成了镏金器物，上面的金色可经历上千年而不脱落。

故宫里的镏金铜缸和镏金铜狮

在古代，水银是一种稀有金属。战国时期，只有陕西旬阳一带，以及重庆东南地区产水银，因为稀少，所以只供给皇室，一般人即使出再多的钱也买不到。

镏金器雍容华贵，深受古代皇帝的青睐。故宫尚存的18口镏金铜缸，阳光一照，整个大缸金光灿灿的。在故宫内廷还有5对镏金铜狮，尽显皇家奢华。

得怪病的工匠

水银有毒，这是我们现在都知道的常识。

可是在科学水平不高的古代，工匠们并不知道水银会对人体造成危害。他们只是感觉惊讶，为什么镏金匠一个接一个得了怪病，不治身亡？而且他们得的怪病症状很相似。

后来有一些镏金匠总结出一个方法：在镏金时含一口白酒。这其实是尽量降低呼吸频率，也就减少了吸入蒸发的水银，以此来避免中毒。

超级厉害的"全才"

古铜（银）镏金器修复及复制技艺，是将残破、变形、腐蚀的古铜（银）镏金器进行修复和复制，恢复它们的原貌，保留其艺术效果和研究价值。

这项古老的传统技艺极其珍贵，不仅用到的工具种类繁多，而且制作工序复杂，涉及学科众多，如冶金学、铸造学、考古学等。

每一件物品的修复，都要经过图纸设计、焙烧、焊接、镏金、做旧等16个步骤113道工序才能完成，要求工匠具有剔、刮、锉、拉、铸、煅、焊、钻等多种操作能力。

可以毫不夸张地说，拥有这种技能的能工巧匠，可以算得上是一位超级厉害的"全才"。

了不起的拦手门武术

拦手门

杰森委托我修复镏金器的事搞定了，这下可以安心享用狗不理包子了。

天津可不只有包子。你们知道"天津"，这个名字是怎么来的吗？

这与朱棣发兵抢夺他侄子朱允炆的皇位有关！

博士，你刚才跟那个朱棣一样，抢了我的包子！

抢包子——不，抢夺皇位跟天津的名字有什么关系呀？

在明成祖朱棣还是燕王的时候，曾率兵从这里经过，南下征伐朱允炆，发动了"靖难之役"，目的就是抢夺皇位。

他夺了皇位后，便将此处赐名"天津"，就是"天子车驾所渡处"的意思。

一群大男人欺负几个小孩子，也不嫌丢人。

哪里跑出来的人，竟然敢管我霍曼的闲事！你们几个一起上，揍扁他！

把你揍成猪头，看你以后还敢不敢多管闲事！

好了不起的中国功夫！

你们几个可是我花重金聘请的，这么容易就被一个会点儿功夫的家伙给制服了？

这里就是我家了。你们安心在这里养伤，那帮家伙不敢来找麻烦的。

头儿，别跑那么快！等等我！

大哥哥，你刚才救我们时用的是什么拳法呀？太威风了！

我要是出手更威风……咦？你家大门上怎么写了这么个怪名？

"拦手"不是用来拦截对手上路和中路攻击的武术手法吗？

对。我练习的功夫，主要以灵活善变的手法拦截反击对方，故得名"拦手门"。

拦手门

我还没长大，拿不动那么重的刀很奇怪吗？哼，这把铁枪不会也跟我作对吧？

布卡这个自大的笨蛋，要把瑞瑞的脑袋砸出大包了！

好险！

这是武术里常用的兵器。小孩子可不要乱碰，以免伤人。

19

哇，这就是传说中的"人枪合一"吧？

好身手，难怪你能把霍曼找来的帮手打得满地找牙！

这速度太快了，看得我眼花缭乱。

既像舞蹈又像武术，真好看！

看在我这么可爱的分上，您就收我为徒吧！我也要像您那样，把霍曼吓得屁滚尿流！

天津三卫

明洪武十三年（1380），燕王朱棣被派去驻守北平，也就是现在的北京。

皇帝朱元璋去世后，传位给长孙朱允炆。朱允炆实行削藩，这让朱棣很不服气。于是朱棣率军南下，在今天津南北运河与海河交汇处的三岔口渡河，然后攻入当时的首都南京，最终登上了天子的宝座。

后来，朱棣就给这里赐名"天津"，意为"天子车驾所渡处"。

明永乐二年（1404），朱棣在天津三岔河口筑城，设置天津卫、天津左卫、天津右卫，合称"天津三卫"。

拦手门

　　拦手门是传统武术中的一个拳种，主要流传于天津地区。相传，清朝初时，流落天津的明将郑海宁在这里传授此拳，至今约有300年的历史了。

　　拦手门强调功底扎实、劲力浑厚，注重功力训练。它以"拦"为核心，手法有缠、按、斩、戳、抱等，腿法有进、撤、闪、滑等。

春秋大刀

练习武术的兵械有很多，如大枪、花枪、春秋大刀、双剑、短棍、流星锤、九节鞭等。

相传，春秋大刀是三国时期蜀汉大将关羽使用的刀形，因关羽喜欢读《春秋》，后人就把他使用的刀形称作"春秋大刀"。

春秋大刀很重，不仅要求练习者有扎实的拳术基础，对其腰、腿、手臂等的力量要求也都很高。

狗不理包子

　　天津有一道不应错过的美食，那就是狗不理包子。狗不理包子的面、馅选料精细，制作工艺严格，外形美观。刚出笼的包子，鲜而不腻，清香适口，颇受人们喜爱。

　　但这么好吃的包子为何有这么一个奇怪的名字呢？传说，清朝咸丰年间，天津武清有一户人家，40岁得子，为求平安，便给孩子取乳名"狗子"。狗子14岁时到天津南运河边上的刘家蒸吃铺做小伙计。因心灵手巧又勤学好问，狗子的手艺不断长进，练就一手好活儿。3年满师后，狗子独自开了一家专营包子的小吃铺，他发明了水馅、半发面的工艺，制作出的包子口感柔软、鲜香不腻，包子外表如同一朵白菊花，色、香、味、形独具特色，吸引了附近的人前来吃包子。由于生意十分兴隆，狗子忙得顾不上跟顾客说话，这样一来，吃包子的人都戏称"狗子卖包子，不理人"。久而久之，人们喊顺了嘴，都叫他"狗不理"，把他所做的包子称作"狗不理包子"。

第三章

Chapter 3

变戏法

趁师父不在，我们赶紧溜出去！

你不是要做武林高手吗？怎么不好好练功？

别光想着偷跑出去玩。

谁要去玩了？我是要去办一件大事——跟历史对话！

你要跑出去跟谁聊天？历史？

不光是墙，整栋楼都是瓷器。

惊不惊喜？震不震撼？

这房子的墙上，怎么全是瓷器？

大明万历年制？天哪，这些竟然都是古董！

用古董盖房子？这房子的主人也太有钱了吧？

房子的主人当时把收藏多年的唐三彩、宋元官窑、明清珍品全拿了出来，当成建筑材料。

那这房子一定很值钱吧？

那当然！它可以说是一座价值连城的"中国古瓷博物馆"了。专家给它估过价，你们猜猜值多少钱？

1个亿？

你的想象力果然有限……是98个亿！

别以为我不知道你打的什么主意。

我们可是偷偷溜出来的，不能在外面待太久。

就是！我们看到你偷偷抠了好几次瓷片了，只是没抠下来。

就不能等到天黑再走？我还没看够呢！这可是随便拎出来一件宝贝，都至少有几百年历史的瓷房子呢！

你们怎么能这么想我呢？我像是会偷东西的人——不，猫吗？

好多人啊，有热闹看了！

喂，你们两个给我让个地方！咦？那个穿大褂的人在干什么呀？

这古典戏法表演前要把盖布里里外外都让观众看一遍，表示里面没有藏东西。

变戏法喽！我从小就爱看。

变戏法？就是变魔术呗。

当着这么多人变魔术？

那盏宫灯是从哪里变出来的呀？

快看，他又变出了一堆果盘！里面还放满了好吃的，花生、大枣、核桃、糖果……

懂行的看门道，不懂行的看热闹。我这个懂行的一定会找到破绽！

机器猫，你这样不太好吧？

古典戏法可以四面围观，不过你再怎么看也是瞎耽误工夫，因为根本找不出破绽。

又开始变了，这次会变出什么来呢？

五子登科！

这个变戏法的真有趣，边变边说。

他刚才变戏法时还说了"连升三级""富贵有余"，都是很有趣的吉祥话。

那叫"口彩"。古典戏法讲究边说边演，特别喜庆。

他变出的金鱼和鱼缸肯定是事先藏在身上的，趁大家不注意再偷偷拿出来。

光鱼缸里的水就能装一大桶，怎么藏在身上呀？

虽然东西是带在身上的，可水带在身上却不洒，就很厉害了。

而且他们能在你的眼皮子底下变来变去。天上飞的，地上跑的，吃的用的，全都能给你变出来！

31

把火藏在衣服里?

哇,他怎么做到的?

太厉害了!

机器猫,你都围着演员们转了好几圈了,有什么发现吗?

一般魔术只让观众从正面观看,不然很容易露馅。可我头都转晕了,还是没看出这古典戏法的破绽!

瓷房子

　　2000年，一位叫张连志的收藏家花3000万元，将一座具有百年历史的小洋楼买下，并决定将它改建成一座瓷楼，弘扬中华民族的瓷文化。历时7年，瓷房子建造完成，成了天津市的地标建筑，后来还被评为"全球十五大设计独特博物馆"之一。

　　这座瓷房子是用4000多件古瓷器、400多件汉白玉石雕、7亿多片古瓷片等镶嵌而成的。这些古董中有许多不同时期的瓷器，如晋代青瓷、唐三彩、宋代钧瓷、元明青花等。

戏法

　　古典戏法泛指中国传统魔术，因表演风格古色古香而被称作"古典戏法"或"古彩戏法"。

　　中国是魔术发源地之一，中国戏法有着悠久的历史和古老的传统。专家根据已出土的汉代石刻"鱼龙曼延"画像和相关史书记载考证，在西汉就已经出现了用竹条、布匹制作出巨大的鱼、龙等形象作为道具来变戏法的表演活动，这是已知的中国最早的大型魔术表演。

　　现代魔术多依赖声、光、电，以及带有机关的道具进行表演，而古典戏法更强调演员的手法技巧，以"夹带藏掖"为手段。

　　演员表演时穿着长袍大褂，用暗藏在袍内的专用工具携带将要变出的物品，即彩物。这些彩物，常有果盘、大型花盆、盛满水的内有活鱼嬉戏的鱼缸、熊熊燃烧的大火盆等。

口彩相连

古典戏法讲究"口彩相连"，即边说边变，与观众互动，让人在笑声中欣赏表演。

在四面围观、众目睽睽的情况下表演，这对表演者要求极高，动作必须干净利落，毫无破绽。

表演者在观众们的眼睛紧盯着的情况下，就要把藏在身上的甚至高至膝盖的东西变出来，比如火盆、鱼缸等，没有扎实的功底是根本不可能做到的。

能变出的彩物越多，说明表演者的功夫越厉害。藏得隐蔽，带得牢靠，取之快捷顺手，这对古典戏法表演者来说是最为重要的。

古人的魔术书

中国魔术有约4000年历史，它是一种深受民众喜爱的传统艺术形式，但在其发展的过程中，始终未得到总结。这是因为古代民间魔术师大多文化水平较低，无力记录整理魔术技法，魔术行当里又长期养成"宁给三元钱，不把艺来传"的保密习惯，以致历代魔术发明创造没有被全部记载下来。

现在已知中国最早的关于魔术的图书，是明代的《神仙戏术》，它记载了古代幻术20多种。

今天我们能够看到的较早的魔术书是清代唐再丰所著的《鹅幻汇编》。《鹅幻汇编》又叫《戏法图说》或《中外戏法图说》，它记载了320多个中国古代魔术节目，其中很多神奇的魔术涉及物理、化学等知识，让人忍不住惊叹古人的智慧。

第四章
Chapter 4

泥 人

 扫码获取

☑ 角色头像
☑ 阅读延伸
☑ 趣味视频

我的伤已经全好了，我们得继续去寻找能唤醒水晶石的味道了。

师父，再见了！这厉害的功夫我以后再学。

那个叫霍曼的很可能再找你们的麻烦，一定要多加小心。

告别了那位武术高手，大家来到津门故里。

津门故里？为什么叫这个名字呀？

"津门"是天津的别称，"故里"是"老地方"的意思，"津门故里"就是天津的"老地方"呗。

那为什么叫这里"老地方"？

这个……喂，你问那么多干吗？

这条古文化街有很多天津的老字号。在古代，这里可是祭祀海神和船工聚会的地方。

杨柳青画店

天津的老字号？那肯定有好多好吃的！

我听说过杨柳青年画，很出名。

那是！杨柳青年画可是著名的中国民间木版年画之一，与苏州桃花坞年画并称"南桃北柳"。

我觉得泥人也很有趣。我们去买泥人吧！

泥巴捏的小人儿？哇，那我可要买一大堆，玩个够！

快看这个卖糖葫芦的泥人，跟真的一模一样！我都想咬一口他手里的糖葫芦了！

这个小孩儿的表情，跟瑞瑞发脾气的样子可真像！

哎呀，这眉毛、眼睛，也太像真人了！

何止是像？这就是两个漂亮的姐姐坐在那里！

这个叫"蒋门神"的泥人背着双手，挺着肚子，眉目上挑，嘴角下撇，一副无赖相。

唔，好凶啊！只有巴掌大的泥人，却看起来比霍曼还可怕！

这是一家饭馆吧？好多人在这里吃饭。

怎么可以把鸡腿捏得这么像真的？太诱人了！

啊呀，这个泥人的头会动！

不只是脑袋，泥人的手也会动。

泥人是用泥巴捏的，很容易开裂。可为什么这里的泥人都没事呢？

"泥人张"所用的泥是经过特殊处理的。用这种泥捏出的泥人，放多少年也不会开裂。

塞西，你看这个头顶足球的泥人多好玩！咦？你这是什么表情？

这些泥人捏得跟真的一样，可你们也用不着这么激动吧？

博士怎么也变成这样了？

这是什么怪病啊，传染得这么快？

那个泥……泥人，是我的祖……祖先——彼得。

照着你的祖先的样子捏出的泥人？

老爷爷，这个彼得……不，这个泥人是谁捏的？

啊？不能这么巧吧？

泥人张彩塑从第一代至今已传了五代。而那个泥人，是创始人张明山大师亲手捏出来的。

五代？那张明山是生活在什么年代？

1826年出生？哎呀，张明山与彼得刚好同处一个时代！

他生于清道光六年，也就是公元1826年，活了80岁。

是彼得找到张明山，请他给自己捏个泥人吗？

先把我松开，我快喘不过气来了……

这我也说不准。

因为张大师喜欢在袖子里藏泥，也许是他在休息时顺手就捏了。

张明山很喜欢去天庆饭馆，坐在那儿瞧各样的人，然后捏出他们的形态。

你捏得太像了！给我也捏一个好不好？

嗯。我很快就能捏好。

跟我一模一样！太传神了！

杨柳青木版年画

天津有一座千年古镇杨柳青，中国著名民间木版年画——杨柳青木版年画就发源于此。

杨柳青木版年画约始于明代，当时有些擅长木版年画的民间艺人先后来到杨柳青镇，而杨柳青镇外盛产的杜梨非常适宜雕版，有了这种可用的材料，杨柳青木版年画随即兴起，可谓是"家家会点染，户户善丹青"。

杨柳青木版年画因其题材广泛、内容丰富、雅俗共赏，加之采用刻绘结合的特色手法，刻工精美、绘制细腻、色彩绚丽，在中国民间文化和天津文化发展史上占有重要的地位，其历史积淀厚重和文化连续性的特征更使其扬名海内外。

会动的泥人

泥人张彩塑是天津一种深受百姓喜欢的民间艺术品，早在清代就已经名声大噪。

原本不起眼儿的泥巴，在艺人的手中仿佛被赋予了生命，被灵巧的手指捏、挤、拉、押之后，一个个栩栩如生的泥人便出现在眼前。

泥人做好后要放在阴凉处风干3天左右，再用砂纸打磨。到这一步，纯土制的泥人就算成功了。

如果是彩塑泥人，捏完后先要放入窑内低温烧制，之后再用颜料上色。

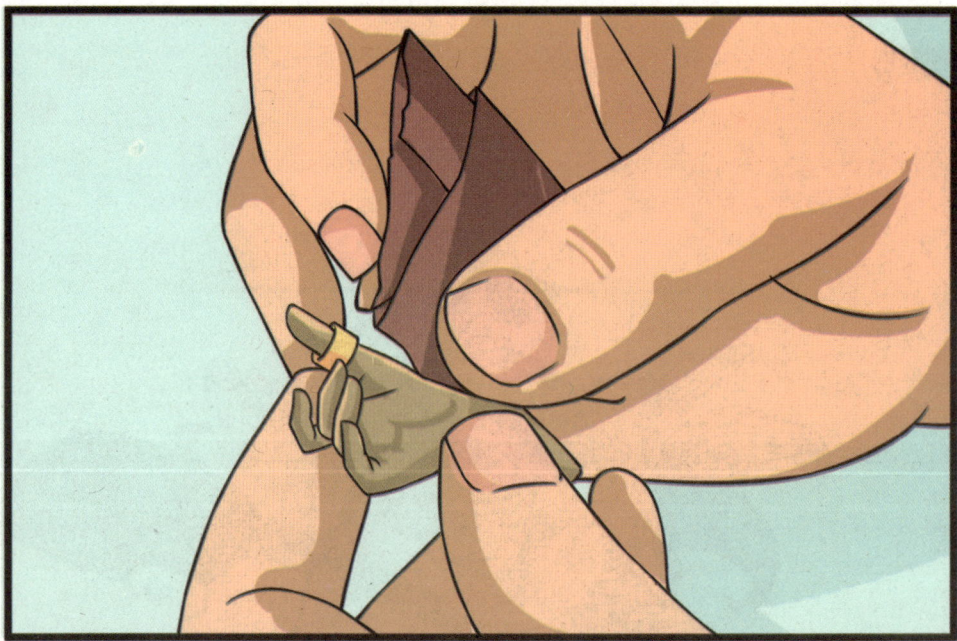

泥人张的老辈师傅做出的泥人，头和手都是可以活动的。

泥人张彩塑创始人

　　泥人张彩塑的创始人是张明山，他的父亲张万全以捏制和出售泥塑为生。张明山从8岁起就随父亲学艺。13岁时，还是少年的张明山就已经能独立创作了。

　　张明山为人捏像时，只需很短的时间就能完成，其技艺让人折服，18岁便闻名遐迩，人称"泥人张"。

泥人彩塑

　　制作一件泥人彩塑，可不是一件简单的事。从准备泥料，到塑造泥人，再到晾干泥塑、入窑烘烧，每一步都非常精细。

　　烧制出窑后，还要先经过打磨、整理后才可着色，并以涂、染、勾、描、润、点、画等多种技法进行上色。

　　制作泥人时，师傅们大多靠手上的技巧，手指达不到的地方才用工具帮忙。

　　制作泥人所使用的工具主要有削泥刀、拍泥用的板子和塑型用的轧子等。轧子的形状为一头细而尖，另一头呈扁圆形，细尖头一般用于塑造泥人的五官等细小部位，扁圆头一般用于压泥人的衣纹等。

第五章

Chapter 5

迷饭风筝

泥人啊泥人，你能否告诉我，我们要找的味道到底是什么？

有一点可以确定——彼得来过天津。

所以我推测，在天津，肯定能找到能唤醒水晶石的味道！

可这味道到底是什么呢？

你们快看天上，好多风筝啊。

哇，这只蜻蜓风筝竟然会眨眼睛。

听到音乐声了吗？那边还有只会唱歌的风筝。

这是变魔术吗？那么小的盒子，竟然装得下这么大的风筝？

我们买风筝时看到的那只蜈蚣风筝才叫变魔术呢！

那只蜈蚣风筝有100节，200只足，十几米长，但折叠起来后，只要一个小盒子就装得下。

太酷了，我也想要一个这样的风筝！

那当然！据说，"风筝魏"做的大鹰风筝在长城放飞时，引来好多真鹰呢！

那哪里能买到"风筝魏"做的风筝呢？

这只大金鱼风筝会眨眼睛呢!

刚才那个小朋友放的那只金鱼风筝,飞起来时不仅会眨眼,还能摇头摆尾,像是在缓缓游动呢!

哈哈,这只孙悟空风筝好有趣啊!

风筝就是用这些竹片做出来的?

嗯,这些都是从南方运过来的1年以上的毛竹,韧性非常好。

风筝到底是怎么做出来的呀?

4个字——扎、糊、绘、放。也就是扎风筝骨架、糊风筝皮、绘制颜色、放飞4个环节。

这么简单啊?

听着简单，做起来难。我以前用竹子扎过好几十个风筝，却一个也飞不起来。

扎骨架是制作风筝的关键，骨架扎不好，风筝就飞不起来。

扎骨架就是把竹子劈成细条扎出造型吧？这有什么难的！

每天劈竹子？那得多闷呀！

这需要扎实的基本功。我刚开始学做风筝的时候，每天不干别的，光劈竹子，直到熟练地把竹片整个劈成丝，才算过关。

为什么竹条要用火烤一下呀？

这个我知道！为了软化竹子，增加竹子韧性。

53

魏师傅，我的"送饭风筝"做好了吗？

今天早晨刚做好，你可以拿走了。

"送饭风筝"？风筝还能送饭？

咦？这风筝怎么是两个放在一起呀？

一个风筝怎么能算送饭呢？得由小风筝送饭给它的大风筝妈妈。

"送饭风筝"俗称"母子风筝"，放飞时大风筝先飞向天空，稍后小风筝直奔大风筝飞去，然后大、小风筝一起在蓝天飞舞。

那小风筝能不能自己回来？

当然能！小风筝可以从空中回到地面，再由地面飞向天空，就像孩子为母亲送饭一样。

我也要一个"送饭风筝"！

我们风筝魏的绝活儿可多了，可不只有"送饭风筝"。"背负锣鼓""变色变字""变换方位""撒传单"等，个个都身怀绝技。

"背负锣鼓"风筝有什么特别？

就是在风筝上安上锣鼓。起飞后，风能使风筝自动敲打出锣鼓声。

那"变色变字"风筝呢？

我要订一只"变色变字"的风筝，标语就写"超级天才机器猫"吧。等它飞上天空，会有好多人知道我的大名！

风筝在天空中被风吹动，会显示不同色彩，就是"变色"。当你用力一拽线，风筝中的机关就会打开，一幅标语就会垂下来，就是"变字"。

大展宏图

我很好奇，最早是怎么做出这么神奇的风筝的？

我得好好研究它们的飞翔姿势，还有各部位的比例！

鸟儿有什么可看的？魏元泰，你还是跟我们去玩吧。

不是盯着飞禽发呆，就是对着飞虫傻乐，他这是怎么了？

算了，还是我们自己去玩吧。这个呆子只对做风筝感兴趣。

如果把木工的打眼儿技术和铜箍连接技艺用在风筝制作上，就能制作出软翅风筝了！

世界上最早的飞行器

风筝在中国有悠久的历史。春秋战国时期，墨子和鲁班就以木材制成鸟禽状器械，放之能飞，称为"木鸢"。汉代起，人们开始以竹篾扎成鸟禽状骨架，再糊上纸，称为"纸鸢"。

后来，纸鸢成为宫廷贵族的玩具。五代（907—960）时，李邺在宫中做纸鸢，并在它的头部位置放了一个竹笛，伴随着纸鸢的飞行，风吹过竹笛，发出类似筝响的声音，"风筝"的名字由此而来。

聪慧的古人，甚至制作出大个头儿的风筝，上面可载人负物，借风力飞上天空，用于军事侦察或投递信息。

失传的绝技

清光绪十八年（1892），魏元泰在天津鼓楼创立"魏记长清斋扎彩铺"。他制作的风筝造型多变、彩绘逼真、飞行平稳、特技精湛、便于携带，深受世人喜爱，"风筝魏"声名远播。

1914年，魏元泰的11件作品被当时的北洋政府送至美国旧金山，参加巴拿马太平洋万国国际博览会，这也是中国风筝艺人第一次将风筝放飞到外国的天空。

魏元泰还有一手绝活儿叫"蒲绷"，就是拿蒲草做成弓弦，放在风筝上发出声响。遗憾的是这项技艺没有流传下来。

飞机发明者与风筝魏

风筝魏制作技艺包括创意、设计、选材、扎架、彩绘、糊面、试飞、总装等8大工艺流程，但选材、劈竹、抠榫眼、绘画等小工序却有上百道。风筝魏风筝全部以手工制作。

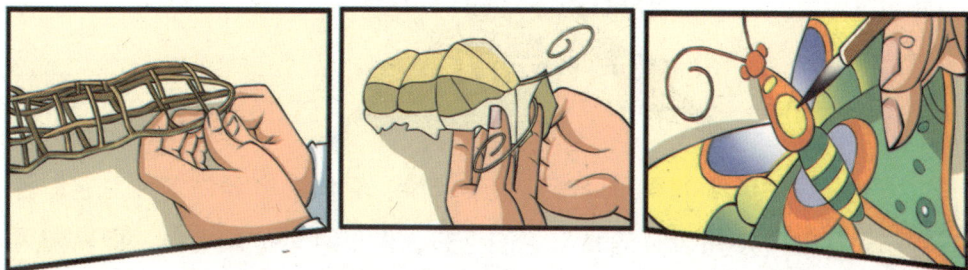

经历了100多年的发展，风筝魏的风筝品种达到了1000多种，巨型风筝可达百米长，小的只有火柴盒大小。

据说，飞机的发明者美国莱特兄弟曾得到一只风筝魏风筝，很是喜欢。他们的后人还把当时兄弟二人制作飞机的模型图纸、原料给了风筝魏的传人，希望两家能永远友好往来。

小小风筝大学问

    风筝有硬翅风筝、软翅风筝、板子风筝、立体风筝等许多种。它们各有特点。比如，硬翅风筝的骨架不能拆卸，但优点是抗风力强。而软翅风筝的骨架可以拆卸、折叠，便于保存和携带，放飞时各部件可以自由活动，比如"龙头蜈蚣"风筝的脑袋和眼睛能转动，足能屈能伸，鹰、蝴蝶等风筝可以展开翅膀在云间飞翔，金鱼风筝可以摇头摆尾、缓缓游动，看起来栩栩如生。

    可别小看这小小的风筝，里面的学问可大了，它的制作和放飞涉及数学、物理学、仿生学等许多方面的知识。

第六章

chapter 6

喜花

咚
咚
咚
~
咚
咚
咚
！
！

那个小区门口贴着大红"囍"字，看来今天有结婚的！

有喜糖吃喽！

门、窗、床、桌子，全贴上了红彤彤的剪纸，真喜庆。

你们发现没有？这些剪纸几乎都是圆形的。

梳妆台、茶具、盆子上也都贴着红色剪纸呢，真好看！

只靠一把剪刀和一张纸，就能剪出这么多图案和花样，不可思议。

这叫喜花，是结婚时专用的剪纸，而圆形象征团圆美好。

婚礼用的东西，全都用剪纸装饰。从杨柳青请来的剪纸匠人，一大早就过来忙活了。

我来帮你们贴剪纸。不用特别感谢我，给我一大包喜糖就行。

把这张剪纸也贴上吧！

谢谢你！你真是一个热心的孩子。

你们几个怎么一直跟着我？都跟到我的剪纸工作室来了。

伴娘说你能剪出很多种图案，我才不信呢，除非亲眼看到。

这叫"吊钱"，是杨柳青剪纸里的一种，一般中间是4个字的吉祥话，过节时贴在门窗上，又热闹又吉利。

除了喜花和吊钱，杨柳青剪纸还有什么种类呀？

自己进来看吧。

姐姐，你这是在剪什么呀？

这是窗花。清末至20世纪50年代，家家都用的是木窗户，并在窗格上面糊一层特制的窗纸，而窗花就是用来贴在窗格纸上的。

窗花贴得时间长了，颜色会变吧？

按我们这里的习俗，窗纸、窗花每年至少要在春节、端午、中秋各更换一次。遇到婚嫁、寿诞等重要日子，也要更换新的窗纸、窗花。

杨柳青窗花的样式多着呢！

这两张剪纸很像鞋底。

啊！！！

那是刺绣花样子，也是杨柳青剪纸的一种，是爱美的姑娘们在衣服、香囊、鞋子上绣花时用的图案。你拿的那对是在鞋子上绣花用的。

机器猫，你喊什么呀？吓我一跳。

这么多大红"囍"字，每一种都不一样！

剪纸匠人会剪的花样可多了，那只是其中一部分。

那两把剪刀钝了，得先磨快了才能用，不然剪不出细节。

剪刀跟手掌的大小差不多就可以了。太大或者太小，用起来容易累。

为什么要把不同颜色的纸叠在一起呀？

只用一种颜色的纸剪出来的是单色剪纸，而我现在剪的是套色剪纸。

套色剪纸？剪出来是什么样子？

这只蝴蝶比只用红纸剪的那只更漂亮！

这幅画太有立体感了！

我有个问题：为何你现在用的是刀而不是剪子？

剪纸用的工具可不止一种，有些细节用刀处理更方便。

好不容易来一趟杨柳青，120层的酥糖绝对不能错过。轻咬一口，嘴里、鼻子里全是桂花和芝麻的香味……

一提到吃，你就变得有学问了。

机器猫，你怎么这副表情？

孩子们，快跑！

因为我看到了霍曼他们。

要不是打不过，我一定和他们拼了！

快躲进车里去！

"囍" 的由来

结婚时，人们会在门窗贴上大红"囍"字。那把两个"喜"字连在一起写是谁发明的呢？

传说，北宋著名的文学家、政治家王安石当年进京赶考，因为才华出众，被一位员外看中。员外把美丽的女儿许配给了王安石。成婚当日，恰好遇到考试发榜，王安石金榜题名，真可谓双喜临门。

兴奋不已的王安石挥毫泼墨，在大门上写了两个并排的"喜"字。前来喝喜酒的人们，觉得这样看起来格外喜庆，于是在自家办喜事的时候也纷纷效仿，"囍"字从此流传下来。

民间流行的艺术

靠一把剪刀或刻刀，剪刻出各种精巧的图案和花样，这就是在民间十分流行的艺术——剪纸。

在南北朝，民间女子就把金银箔和彩帛剪成人物、花鸟等图案，贴在鬓角做装饰，这就是剪纸的雏形。后来，人们用纸剪出各种花草、动物等图案，这些图案有的被贴在门窗上，还有的被用来装饰礼品。

杨柳青剪纸

杨柳青剪纸技艺起源于清朝，距今已有300多年的历史了。它题材广泛，有花鸟虫鱼、吉祥图案、山水人物和神话故事等丰富的花纹内容。杨柳青剪纸受杨柳青木版年画的影响，造型优美、线条细腻。

传说，乾隆皇帝6次下江南，每次到杨柳青都要将杨柳青剪纸带上龙船一路把玩。如此一来，杨柳青剪纸名声大噪。

杨柳青酥糖

    行走在杨柳青古镇，空气中总会弥漫着一阵阵芝麻与桂花的香气——那便是以酥脆香甜闻名津城的杨柳青酥糖的味道。

    杨柳青酥糖的主要原料是芝麻、香油、白糖和桂花，它经由双手上百次拉折，内部有着约120余层的结构。

    酥糖是中华特色传统名点之一，而杨柳青酥糖独成一派，其呈长条状，味道甜而不腻，不黏嘴也不塞牙，酥脆异常。有人称赞杨柳青酥糖："千丝万缕一口酥，含在嘴里马上化。"

    相传杨柳青酥糖的制作始于清朝道光年间，为宫廷流传至民间的手艺。如今，有着上百年历史的杨柳青酥糖制作工艺，已经成为天津市西青区非物质文化遗产项目之一。

第七章

Chapter 7

千年盐场

车里咋突然冒出来几个孩子和一个大人呀？

还有我，人见人爱，花见花开的机器猫。

认识就是缘分，跟我们一起去汉沽，让宋婶做当地最有特色的八大馇招待你们！

对不起，我们刚才为了躲一群坏蛋，不得不躲进你们的车。

八大馇？是八道菜吗？

"馇"是一种菜的做法，其原料以鱼、八带、虾等8种最具代表性，故叫"八大馇"。

馇的做法即烹饪的时候倒入海水，不加任何调味料，保留海鲜的原汁原味。

哇！

红色、粉色、黄色……像一个超大的调色盘。

那是长芦汉沽盐场。

有1000多年历史的盐场？

这座盐场始建于公元925年，那时候的名字是"芦台场"。明清时期，这里产的盐更是成了皇室贡品。

盐不是白色的吗？

难道有人特意给这里的盐染了颜色？

那些色块可不是染出来的，而是一种叫"嗜盐菌"的可爱小生物在作怪。

染了颜色的盐，还能吃吗？

晒制海水的时候，这些颜色自然而然就出现了。

75

明代。

都仔细着点儿，这些可都是贡品！

这个盐场出产的盐色白、粒大，不愧是"芦台玉砂"。

美美吃上一大锅，也就有了力气。

弟兄们，都加把劲儿，我们中午馇海鲜吃。

咱们这些人常年在海边煮盐，风餐露宿的，幸亏有这就地取材的馇海鲜。

宋婶，我也想吃馇海鲜！

好！我们现在就去码头，买最新鲜的海货。

哇，太酷了！他们是不是会中国功夫呀？

这群老头儿最小的也有60岁了吧？动作却这么灵活！

汉沽飞镲最早用于出海捕鱼，它的声音可以在海上传出去很远。

他们用的鼓和飞镲的声音特别响亮。

飞镲需要手、眼、身、步密切配合，表演者都有一定的武术功底。

飞镲和捕鱼有什么关系？

网到的鱼虾太多了，网拉不动了！
看我的！
咚咚锵！
这下好了，有附近其他渔船帮忙，收网变得轻松多了！
渔船回来了！我们赶紧去码头迎接。
咚咚锵
咚咚锵
咚咚锵
哈哈，看来又是满载而归！飞镲打起来，庆祝一下！
原来这飞镲还能报信啊！

飞镲的用处可大了。以前，当海上起雾，或是需要附近其他渔船帮助时，渔民们就用它传递消息。

这个太好玩了，我也想试试！

我也要玩！飞镲打起来特别威风。

太难听了。

别再打飞镲了，我的脑袋都快炸了！

我打得多好，是你们不懂得欣赏！

八大馇

　　八大馇是天津汉沽的一种制作技艺独特的美食，深受人们喜爱。

　　这种菜品的原料以鱼、虾等8种最有代表性，因此这种美食被称为"八大馇"。

　　烹饪时，捕捞上来的海产品不剖腹、不去鳞、不炝锅，直接放入大锅里，倒入海水，大火煮熟，然后改文火熬煮两到三个小时。此时，所有海鲜都变得肉香骨酥、咸香可口，连鱼骨都可食用。

报信的金镲

　　起伏的金镲，飞舞的镲缨，表演者动作连贯，像海浪翻腾，而响亮的镲声则像大海的波涛在咆哮，表现了渔民们劈波斩浪、勇敢无畏的英雄气概。

　　在以前，每次出海前，渔村老少都打金镲，祝福出海的人平安；海上起风时，渔民也打镲彼此通报；渔船满载而归，船尚未靠岸时，渔民们就镲鼓齐鸣通知家人，全村老少出门迎接，船上、岸上镲声同响，一派欢乐景象。

汉沽飞镲

汉沽飞镲以四对镲、一面大鼓、两面大铙为演奏乐器，其中大鼓和大铙是伴奏乐器。

表演者在演奏中还要做出各种动作，如"老树盘根""插花盖顶""亮翅"等。

表演时，金镲伴随那震天动地的鼓铙之声和铿锵有力的节奏，表现了沿海渔民奋勇向前、勇敢无畏的气概。

七彩盐田

  天津滨海地区自古就是盐灶之地，海盐生产历史悠久。其中，长芦汉沽盐场前身为五代时期后唐同光三年（925）的芦台场，至今已有一千余年的历史，积淀了深厚的海盐文化。

  明代都城迁到北京后，有"长芦玉砂"美称的长芦海盐由于质量上乘，从明万历十一年（1583）开始至清末，一直都是御用贡品。

  如今，长芦汉沽盐场生产场区已发展为"盐业风情游览区"。

  初秋时节，位于渤海之滨的长芦汉沽盐场，在阳光、海风、嗜盐菌的共同作用下，呈现出斑斓的色彩，仿佛画家手中的"调色板"。收盐车在盐池间来回穿梭，一颗颗洁白的盐粒堆成了小山，到处都洋溢着丰收的喜悦，大家都干劲儿十足。这样的场景不由得引人赞叹：太美了，太美了……

  时至今日，长芦汉沽盐场作为国家级工业旅游示范基地，也成了天津对外宣传的新名片。

第八章

Chapter 8

京东第一集

扫码获取

☑ 角色头像
☑ 阅读延伸
☑ 趣味视频

这八大馇太鲜美了，我要是有两个胃该多好。

慢点儿吃，别噎着了。

就让这美味的食物，安慰一下我因为找不到能唤醒水晶石的味道而受伤的心灵吧！

你们要找能唤醒水晶石的味道？

嗯，就是因为这个，我们被一个叫霍曼的坏蛋追赶，才躲到了你们的车上。

你们可以去宝坻区的林亭口看看，那里有"京东第一集"，聚集了各种各样的味道。

现做现卖的鲜香油，保准香得你找不着北！

野生榛子超级香，快来瞧瞧啊！

要逛完的话，估计得用一整天。

你们知道吗？宝坻的"坻"，本来念"chí"，是水中高地的意思。传闻乾隆皇帝脱口念成了"dǐ"。

宝坻这个集市也太大了吧？

皇帝可是"金口玉言"，后来这个地方就叫宝坻（dǐ）了。

哈哈，原来皇帝也念白字！

这木头又细又高，他们是怎么站稳的？

而且还能做出那么多动作。

我以前也见过高跷表演，可从没看过这么高的高跷！

难怪叫"高腿子"，他们脚下踩的木棍比我还高一大截！

那个木棍高5尺5寸，也就是大约183厘米，确实比你们这群小朋友还要高。

这是林亭口的高腿子高跷。

183厘米，差不多和博士一样高。

好有趣！

他看起来像在砍东西。

男扮女装，太好玩了。

高跷表演里有很多动作是模拟生活和生产，这是在表演砍柴。

我以前也扑过大黄蜂，却被蜇成了猪头。

后面还有钓鱼、扑蜂。

站在这么高的高跷上，走路都很有难度，他竟然还能跳跃自如，真了不起。

你们知道踩高跷这个表演是怎么来的吗？

有传说，是古人为了采集树上的野果，还有渔民为了不弄湿裤腿，就在腿上绑上两根长棍。

还有另一种说法。

这就是邻国赫赫有名的外交家晏婴？

我还以为他仪表堂堂，没想到是个小矮个儿！

派个小矮人来我们国家拜访？哈哈，真让人笑掉大牙！

哼，这下我看谁还敢笑话我身材矮小？

晏婴真有办法！我要去高腿子高跷的大本营——林亭口镇看看，你们要不要一起？

91

原来这高腿子高跷，来自这样一个小镇呀？

可不要小瞧我们这个古镇！

当年的林亭口镇，可是远近闻名的水陆码头，很是热闹、繁荣。

在清代，宝坻县林亭口镇的李家可是声名显赫。

当年李家做官的人可多了，被称为"李半朝"。

李半朝

　　清代宝坻县林亭口镇的李家，世代都有众多子孙金榜题名。他们之中，既有朝廷上的尚书，又有外放的知府。因此，李氏家族声名显赫，被宝坻周围几个县的人称为"李半朝"。

　　李家官职最高的是李菡，在朝为官40年，历经道光、咸丰、同治三朝，做到了工部尚书，德高望重，深得皇帝信任。他多次被选任乡试、会试的主考官或副主考官，还多次担任殿试阅卷大臣。

京东第一集

宝坻历来是京东地区重要的商贸集散地。五代后唐时期，朝廷在此开辟盐场，置榷盐院，取名"新仓镇"。再加上辽的进一步开发，这里往来的客商、居民日益增多。

到了金朝，各地富商大贾纷纷来此地囤积货物，新仓镇成为京东重要的商贸区。金世宗完颜雍来到此地，便给此地取名为"宝坻"（取自诗经"如坻如京"的意思）。

清朝时，每月一、三、五、七、九日便是集日。每逢集日，天不亮人们就带上自家货物往集市赶，买卖会持续一整天的时间，络绎不绝。等日头偏西，人们才满意地带着大包小包逐渐散去。

就在这个时期，宝坻有了"京东第一集"的美誉。

高跷的起源

高跷源于古代百戏中的一种技艺性表演。战国时期就出现了喜玩跷技的艺人。

关于高跷的起源，有很多不同的传说。比如有说是古人为了采摘树上的野果，以及海边的渔夫为了防止打鱼时弄湿裤腿，在腿上绑了两根木棍用来增加身高。

还有说，春秋时期的外交家晏婴出使邻国，因为个子小被嘲笑，于是在腿上绑上木棍，顿时高大起来。

高跷需采用坚硬而有韧性的木头来制作，比如榆木。木匠把选好的木头加工成上扁下圆的木棍，然后在合适的位置装脚踏板，并选用布条绑在腿上，这样绑既紧实，又不勒腿。

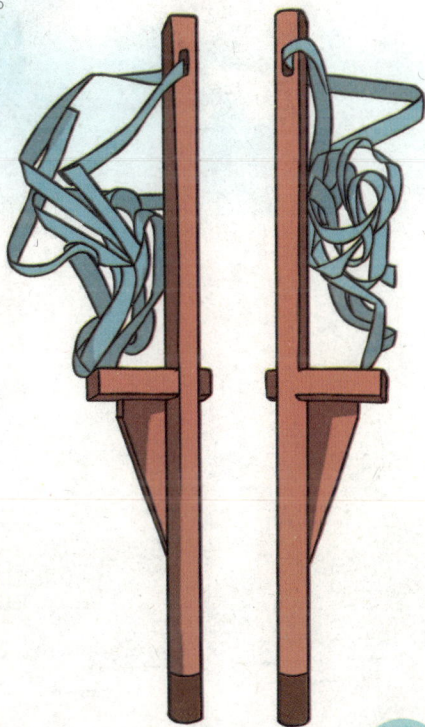

林亭口高腿子高跷

　　林亭口高腿子高跷需要极高的动作技巧，而它的发展与宝坻区林亭口镇的发展息息相关。清代咸丰、同治年间，林亭口镇贸易繁荣，庙会盛行，高腿子高跷也随之进入繁荣期。

　　高腿子高跷表演的内容大多来源于民间故事、寓言典故等，展现了百姓安居乐业的生活场景和祈福求祥的美好向往。

第九章

Chapter 9

皇帝喜欢的糕干

扫码获取

角色头像
阅读延伸
趣味视频

叮咚

你们的镭金器已经修补好了，过来取吧。

我们来天津半个月了？

可唤醒水晶石的味道，还一点儿线索也没有。

也不算一无所获，至少找到了和彼得长得一样的泥人。

我们先去取镭金器吧，说不定路上能有什么发现。

武清区

这条大河穿过的是哪里呀？

这是武清区，京杭大运河纵贯全境。

"御碑亭"？这石碑上的"导流济运"是什么意思？

以前的运河，洪水一来，武清段就会决口，沿河百姓叫苦不迭。

河堤决口，那京杭大运河岂不是也要断航了？

是的，所以清代康熙皇帝下令在决口处修筑一道长约67米的石坝，并开挖河流引开洪水。

我明白了！这治河御碑上"导流济运"的意思，就是把洪水引导开，接济运河，恢复畅通。

99

这点心像雪一样洁白，真好看。

这味道，绝了！博士，你不来试试？

不仅模样好，味道更好！不粘牙，不掉面儿，绵软筋道。想不想尝尝？

不要，我更喜欢带馅儿的点心！

这可是皇帝钦点的贡品，远近闻名的杨村糕干！

皇帝爱吃这个？

这杨村糕干松软可口，以后就作为贡品吧。

康熙皇帝对它赞不绝口，乾隆皇帝也喜欢它！

100

味道可比宫里的茯苓饼。

杨村糕干里没加茯苓，不过营养丰富。民间把它冲成糊，刚出生却没奶吃的小娃娃就有指望了。

真是上天赐给妈妈、孩子的好东西。拿笔墨来！

小人的杨村糕干从此再也不用为原料发愁了。

谢陛下赐字。只是稻米难求，小人只能从运河南来北往的船上换些米，做不出更多的糕干。

我会赐龙票给你，拿着它就可以到官卖局购买官价白米了。

101

两位皇帝都喜欢的点心？那我可不能错过！

博士，你变得可真快！刚才还说更喜欢带馅儿的点心。

杨村糕干是清代才出现的吗？

不，这杨村糕干，最早是由明朝时期杜家两兄弟做出来的。

我们杜金、杜银兄弟二人，为了生计，沿着运河千里迢迢从浙江绍兴搬来这武清杨村。

人生地不熟的。哥，以后我们靠什么养家啊？

我们来到这里，就得找点儿事做。我们把稻米磨成面，做成糕干售卖如何？

行，我这就去准备些当地的稻米。

这糕干味道香甜，给我多来几块！

给我也多称一些，大人和孩子都爱吃这东西，老人也咬得动！

哥，想不到我们做的糕干这么受欢迎！

我们去杨村一探便知！

这杨村糕干会不会是能唤醒水晶石的味道呢？

都什么时代了，还用石碾磨米？

用石碾把米碾碎成面，得好长时间吧？

慢工出细活儿，这样做出的糕干才好吃。

可以把速度调快，让石碾飞转起来。

项链还是没什么反应。

那磨出的粉的蓬松度就变了，出不来我们杨村糕干的老味道了。

天津到底有没有我们要寻找的味道呀？

幸存的参展品

1915年，颇受世界关注的"巴拿马太平洋万国国际博览会"在美国举办。中国从全国选出了10万件参展品，杨村糕干也在其中。

当时运输困难，展品只能通过海运远涉重洋，因路途遥远，据说等一个多月后抵达目的地的时候，有很多食品已经发霉，根本不能参加展览了。

人们正发愁时，却惊喜地发现杨村糕干完好无损，风味不减。于是，杨村糕干以其独特的口感，在来自全世界、多得数不清的各种展品中脱颖而出，获得铜制奖章。

茯苓糕干

明朝永乐年间，明成祖朱棣将国都从南京迁至北京，为了繁荣京畿经济，当时的政府动员南方百姓随龙船沿大运河北上。杜金、杜银兄弟二人也携家眷来到北方，行至杨村，便在这里定居，开始制作杨村糕干。清康熙年间，杨村糕干第五代传人在杨村置办铺房，开糕干铺并逐渐扩大经营规模。

康熙皇帝南巡时小住杨村，品尝过糕干之后龙颜大悦，当即下令将其列为贡品。乾隆皇帝更是觉得味道不错，加上糕干洁白如雪，松软可口，和宫廷里的茯苓饼有得一拼，就给了它"茯苓糕干"的美誉，赐字"妇孺恩物"，还特赐龙票，许可其购买官价白米作为原材料。

杨村糕干从此出了名，杨村糕干店越来越多，最多时达十几家。这些糕干畅销全国各地，远销海内外，人们把它们统称为杨村糕干。

杨村糕干制作技艺

浸泡、碾压、箩筛、搅拌、发酵、成型……一块小小的糕干，制作原料简单，只有大米、绵白糖，但要做出正宗的味道，制作过程的每一步都要精益求精。

比如浸泡大米，这道工序看似简单，但无论是泡米的水温还是浸泡的时间，都需要每天测试调整。

时至今日，正宗的杨村糕干的制作方式仍保留了传统工艺，只不过在传送、搬运等体力工作方面借助于机器。比如磨粉这一步，仍保留了用石碾碾压的方法，只不过不再像以前那样用人推，而是改用机器带动了。

御碑亭

清康熙三十八年（1699）夏，北运河上游洪峰下泄，杨村以北东堤决口，附近十几个村庄被淹，漕运中断，于是康熙帝下令在决口处筑一道石坝。每到洪峰下泄至此，便从石坝顶上宣泄而出；洪峰过后，石坝则安然无恙。当地百姓感念皇恩浩荡，敦请武清知县报请顺天府为皇帝立功德碑，得康熙帝御笔题写碑文"导流济运"。乾隆三十二年（1767），这里又设立治河御碑，碑面刻着乾隆御笔"导流还济运"。

如今，这两座御碑被存放在博物馆里。武清区在修建运河公园时，复建御碑亭一座，并将两座复制的御碑放在亭内。御碑亭已成为武清人驻足观光、闲时小憩的场所。

第十章

半副銮驾

 扫码获取
- ☑ 角色头像
- ☑ 阅读延伸
- ☑ 趣味视频

这真的是我们拿来的那件鎏金器？
金光闪闪，一点儿也看不出破损。
最难得的是，它修补好后，充满了年代感。
虽然味道没找到，但杰森委托我的事情总算办成了！
鎏金器拿到了，我们明天就离开这里吧。
明天是农历三月二十三，天后宫会举行盛大的“皇会”。
有没有好吃的？
到时候会有各种表演，也会有各地的美食。

这皇会可真热闹！

我看到踩高跷的了，还有扭秧歌的。

林亭口高腿子高跷也来了。

那边有舞狮子的，还有武术队。我师父也在里面！

龙灯、花鼓、高跷、旱船……几十种天津民间技艺都会参加表演！

人太多了，挤不过去，就站在这里看吧。

你们说的"天后"到底是谁？生日办得也太隆重了吧？

"天后"是"护航女神"，一位福建人，名叫林默。

她就是海神妈祖，经常驾船出海，搭救遇难的人。

福建的女神怎么跑到天津来了？

肯定跟往京城运粮有关！我记得元朝时每年需北运大批粮食，从海路运抵天津，然后经运河运至京城。

是的，为了祈求航海平安，人们便将海神妈祖崇为天后，并在许多沿海城镇建起天后宫。

这座天后宫建了多少年了？

先有天后宫，后有天津卫。你们看到那两根幡杆了吗？它们在那里竖立600多年了！

哇，这天后宫的"年纪"真大！

天后宫建好后，过了几年，为了保佑人们出海平安，人们在天后宫门外立了这两根幡杆。

妈祖娘娘出巡了。

好威风啊！

回避

后面跟着的是各路花会，随着妈祖出巡依次出行，沿街表演。

各路花会？

比如高跷会、秧歌会、飞镲会、舞狮会……艺人们纷纷拿出各种绝技。

我明白了！每种表演，都以"会"的形式出现。

他怎么这么激动？

因为即将出场的，是赫赫有名的半副銮驾。

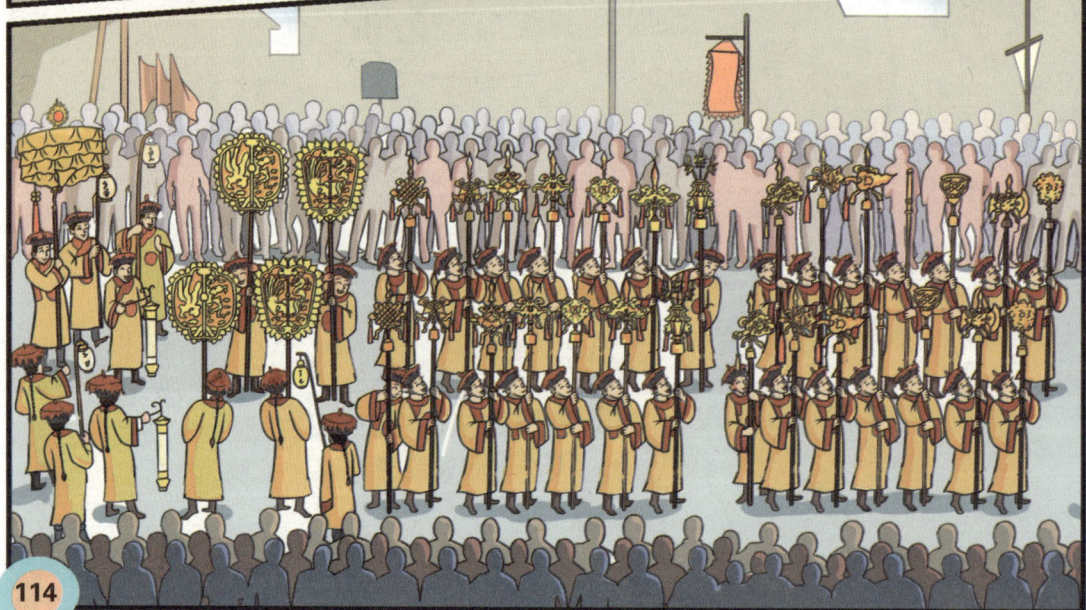

他们举的那些东西上，全都覆有镏金，还镶嵌着很多宝石！

这是皇家的东西吧？好华丽！

这是銮驾，也就是皇帝出行的仪仗队伍，十分贵重。那些看起来像"玻璃"似的装饰品，是用犀牛角磨成粉制成的。

皇帝出行的仪仗怎么跑到这里来了？

明朝末年遭遇年荒，只有大孙庄丰收缴税。

那为什么叫半副銮驾呢？

皇妃大喜，南巡时将銮驾赏赐给了大孙庄。

当时皇妃并没有将辇（niǎn）赏赐给大孙庄，所以只能称为"半副銮驾"。

115

大家快看！

真没想到，原来唤醒第三颗水晶石的味道竟然是这上面犀牛粉的味道。

我现在明白了，彼得说过他在天津的时候，也看过这皇会。

我就说嘛，都能在天津找到彼得的泥人，怎么可能找不到能唤醒水晶石的味道。

项链上的10颗水晶石已经唤醒3颗了。

第一种味道还好，第二种是两种气味混合在一起的味道，而这第三种……

我有种预感：下一种味道，找起来会更难！

娘娘会

　　皇会最初叫"娘娘会"。相传农历三月二十三日，是天后娘娘的生日。每逢天后娘娘诞辰，民间的法鼓、高跷、舞狮等，以队列、团体的形式献艺，沿街表演各种技艺，时走时停，热闹非凡。

皇会

　　清朝康乾盛世时，天津已经是北方的大都市，康熙和乾隆两位皇帝也经常来这里。

　　据说有一次，乾隆下江南经过天津时，正好碰到娘娘会。热闹非凡的娘娘会引得皇帝兴起，干脆命令随行的船队停在海河三岔河口，让各会表演者在船前表演。有皇帝在场，民间艺人们演得格外卖力，获得了乾隆的嘉奖。其中"挎鼓"表演甚得皇帝的欢心，4名鼓手分别得到了一件黄马褂作为赏赐。

　　此后"娘娘会"身价倍增，更名为"皇会"。

争着赶来的货商们

古时，在天津"皇会"期间，各地运抵天津的商货一律免税。这使得南北客商纷纷计算着日子，争先恐后让自己的货船在海神娘娘诞辰日抵达天津。而因为"皇会"是整个天津的盛事，几乎举城出动，所以贸易额激增。

"皇会"期间卖货几日可以获得相当于平常3倍多的利润，货商们个个乐得合不拢嘴。

天津"皇会"颇有气势，精彩无比。现在珍藏在中国历史博物馆的清代彩绘《天后宫过会图》画册里，几十幅图画中描绘了上百道皇会表演、几千个栩栩如生的人物形象。

看漫画
领专属角色头像

微信扫码

跟着书本去旅行

在阅读中了解华夏文明

01

角色头像

把你喜欢的
角色头像带回家

02

阅读延伸

了解更多
有趣的知识

03

趣味视频

从趣味动画中
漫游中国

还有【阅读打卡】等你体验